AF576234

Le satyre et la nymphe

Kenny Lefevre

Le satyre et la nymphe

Recueil

LE LYS BLEU
ÉDITIONS

ISBN : 979-10-422-2317-5

Préface
« Entre les chemins de mon âme et les échos de mes vers »

Au travers de ces mots qui prennent vie devant vous, je vous invite à plonger dans mon univers poétique. Vous y découvrirez une danse entre les extrêmes, où la beauté se mêle aux ténèbres, où l'éclat et la profondeur s'entrelacent.

Ma naissance sur le continent ne m'a pas empêché de découvrir les merveilles de l'île de la Réunion à l'âge tendre de deux ans, lorsque j'ai emménagé dans le cirque de Mafate. Les paysages grandioses, la force de la nature sauvage ont façonné mon regard sur le monde et ont semé les graines de ma sensibilité poétique. Mais le destin peut être capricieux, et les aléas de la vie m'ont conduit à quitter cette île enchanteresse pour m'installer à Paris, dans la tourbillonnante banlieue.

C'est dans ce milieu contrasté, partagé entre le bien et le mal, que j'ai exploré les profondeurs de mon être, cherchant à comprendre la dualité qui réside en chacun de nous. Les années ont passé, mais l'appel de mon île ancestrale est resté fort, jusqu'à ce que je prenne la décision de revenir définitivement. Aujourd'hui encore, je me trouve à la frontière entre ces deux forces opposées, puisant mon inspiration tant dans la splendeur de la nature qui m'entoure que dans les abîmes de la noirceur humaine.

Le satyre et la nymphe incarne cette dualité qui réside en moi et en chaque individu. À travers ces vers peut-être envoûtants, sûrement déroutants, je vous transporte dans un voyage au cœur de l'âme, où les mots deviennent des fenêtres ouvertes sur la beauté, la passion, la douleur et l'espoir. Ce recueil de poésie dévoile les nuances et les contradictions de notre existence, vous invitant à explorer les profondeurs insoupçonnées de votre propre être.

En tournant les pages, vous vous engagez dans un voyage intime, et en acceptant cette invitation à la contemplation, vous explorez votre propre dualité, et découvrez enfin la beauté qui peut émerger même des moments les plus sombres.

Que ce voyage au cœur de mon recueil vous inspire, vous émeuve et vous guide vers une meilleure compréhension de vous-même. Que ces mots résonnent en vous et que, entre les lignes, vous trouviez une mélodie qui fait vibrer votre âme.

Chapitre I
« Lux in tenebris »

Aux bals hantés

Au crépuscule les morts se plaisent.
Au crépuscule les maux se taisent.

Quand vint la brume, les mauvais rêves.
Quand vint la brume, le mal se lève.

Terreurs nocturnes, pensées lugubres.
Au clair de lune dansent les succubes.

Lambeaux de chair, festin macabre.
Pourpre est la pluie sur les Cadavres.

Aux bals hantés, démons masqués.
Perfide valse des damnées.

Le nocher

Sur le rivage une barque attend,
Les voyageurs songent, un passeur sage,
Réclame son obole de tout temps, de tous âges.
Il écume les fleuves où personne ne nage.

Sans un mot, sans adieu,
Les âmes défilent sous ses yeux.

Pourrait-il les sauver ? À jamais ils les voient condamnées.

Son navire de fortune pour demeure incarnée,
Inlassablement il rame ; aurait-il ricané ?

De ses larmes est issu l'Achéron.
Des plus sombres tréfonds,
Le passeur du Cocyte réclame ses aumônes.
Son nom : Charon !

Sombre nuit

Sans un bruit tu te mues
Sur son corps en silence.

D'une étuve tu émets
Des effluves d'abondance.

Un murmure en son sein elle ressent,
Car obscur est le fond du dessein.

Près des siens tel l'essaim d'une ruche qui fut sienne,
Elle couve son enfance d'un sceau éternel.

Sombre nuit
Pour une danse arc-en-ciel.

Ma gorgone

Au détour d’une balade, j’ai rencontré Euryale.
Ébloui par sa vénusté, je la suivis sans crainte.
Je ne savais alors qu’elle me voulait du mal.

Soudain je fus piégé dans un grand labyrinthe.

Dans son regard je vis le vide,
Ou bien est-ce l’enfer que je crus voir ?
Depuis ce jour en terre humide
Je la suivis sans savoir.

Figeant mes peurs,
Mon être j’abandonnais.
Figeant mes pleurs,
Mon cœur se pétrifiait.

À tout jamais assoupi,
Délesté de tristesse, tout devint froid.
Sinistre silence dans sombre nuit,
De mon essence, elle s’empara.

Matrone des gloutonnes,
Patronne des madones,
Lors d’une nuit monotone,
Je t’avais croisée Gorgone.

Le soupir du satyre

Si le souterrain est sous terre,

Il s'avère qu'il soutire, et s'attelle sans saveur,
À s'emplir d'une ampleur, à sentir une frayeur.

Les horreurs empirent,
Les odeurs attirent.

Dans le noir, sous la terre, soupire Satyre.

Je ma muse

Sensuelle brise sur sa chair calcinée,
Odeur exquise de son âme enflammée.

Très chère Marquise
Je ne peux vous aimer
Car mon cœur se brise
Quand je vous vois respirer.

J'aimerais vous voir morte, pendue,
Ou bien torturée.

Oh ma promise un baiser je vous ferais,
Baiser passionné, baiser empoisonné.

Malin

D'un souterrain fait d'éther, il est prisonnier.
Il rumine sa colère d'adages empourprés.

Les complaintes des impies sont ses seules compagnes.
Il se joue, abuse et dupe les profanes.

Tourmentant la veuve, persiflant l'orphelin,
Se sustentant des peurs, il s'abreuve des chagrins.

Cela fait bien longtemps qu'il nous tente
Par des paroles envoûtantes ; fulminant, il patiente.
C'est bien lui le Malin !

Voguons sur Phlégéthon

Au crépuscule, les morts se lèvent.
Cruelle infortune que vous ai-je fait ?
Quand vient la brume, les mauvais rêves.
Les vilains rient, le diable s'y plaît.

Des querelles et des vengeances
Le démon jouit, la harpie danse.
Rédemptions, repentances, complaintes et doléances.
Voraces et carnassiers, charognards, et rapaces,
Voilà leurs récompenses.

L'Homme tue, l'Homme ment,
Se complaît à verser le sang.
Damné et tourmenté dans un grand océan,
Bien plus sombre que les limbes,
Il vogue sur Phlégéthon.

Sur le sentier

Sur le bord du sentier, cheminait un marcheur.
Sans un grain affolé, il arpentait sa noirceur.
Le sentier escarpé affichait ses horreurs.
Le marcheur attiré contenait ses torpeurs.
Sombre sentier amusé d'une telle profondeur,
Il engloutit, dévora le marcheur.
Plus jamais on ne revit le charmeur.

C'est caché en son être que l'on trouve la noirceur.

Succube

Tendre succube dans ta robe argentée,

Ta mine si lugubre, ta silhouette glacée,

Tristesse, impur sentiment tu dégages,

Charmant les petits et grands de tous âges.

Ballet sans lumière dans leurs cœurs froissés.

Faire brûler la terre pour toi, serait-ce assez ?

Tendre succube, tu susurres chants obscurs

Et incubes d'un murmure leurs âmes impures.

À jamais tu demeures dans ta prison sans clé,

Très chère compagne de mon royaume caché.

Valse noire

Tournoie dans cette valse,
Tout noir est le bal.

Tournoie dans cette valse,
Obscure est la salle.

Tournoie dans cette valse,
En transe elle cadence.

Tournoie dans cette valse,
Égrégore, et romance.

Tournoie dans cette valse,
Tournoie dans cette danse.

Tournoie dans cette valse,
Fil de Parque résonance…

Fleuve

Trouble surface qui sans bruit se déplace sans bouger.
Dans ton engeance tu te mues enlacé.

Hostile, pourtant tu as l'air si doux, si tranquille.
Paisible, pourtant si profond, tu te morfonds !

Que se cache-t-il dans tes entrailles, tes tréfonds ?
Un trou noir sans fin, des abysses pour bas-fonds.

Un palais tout en bas est caché.
Au fond du fleuve, à la vie il demeure arraché.

Et quand enfin le fleuve sera moins chagriné,
Le courant paisible pourra s'en retourner.

Il fut un temps où le fleuve était étang.
Mais l'homme en digne mécréant,
Par ses crimes, et bains de sang,
Força le fleuve à s'abreuver de son âme et de son temps !

Un palais tout en bas est caché.
Au fond du fleuve, à la vie il demeure arraché.

Rancard

Un matin enneigé, j'ai rencontré le diable.

Je puis jurer messieurs, mesdames,
Ce n'est point une fable.
C'était une femme vêtue d'un mantelet infâme,
Le pourpre de ses yeux était orné de flammes.
Sans un mot, sans un regard, sans oriflamme,
Elle s'octroya mon âme.
Repue de son festin, elle s'en alla en silence.
Le vent avait soufflé une brise de répugnance.
Démons et maléfices se mirent à mon service,
Le mal fut mon complice contre de vils sacrifices.
Un matin de janvier, j'ai rencontré cette femme…

Un matin empourpré, j'ai rencontré le diable…

Chapitre II
« Échappées »

Ressens-le

Ressens-le avec ton âme.
Ressens-le avec ton être.
Ressens-le avec les ondes, et avec le cosmos.
Ressens-le à travers la voûte étoilée, au-delà des galaxies.

Ressens-le à travers les quasars.
Ressens-le, car il transgresse le temps et les lois de la physique.
Ressens-le à travers le macrocosme et le microcosme.
Ressens-le, car il est vivant !

Il est en toutes choses de la création.
Par-delà les océans, il est en toi, en moi.
Il est fougueux, majestueux, mais il est vivant.

1
Galaxie

Pâles, froids, et glacés
S'entremêlent présent, futur et passé.
Sans un bruit, l'infini en son cœur s'accomplit.
Euphorie d'une étoile qui frétille et prend vie.
Endormie dans son lit, elle façonne, s'extasie.
Galaxie concentrique et cyclique, tu englobes, tu es Pi.

2
Cosmogonie

Savants, érudits ont tenté d'y répondre.
Éclectique est le rythme cyclique des ondes.
Cosmique galaxie d'une antique inertie,
Philosophes et poètes devant toi s'extasient.
T'expliquer, une pure hérésie,
Ta nature, une pure fantaisie.
Soleils et trous noirs s'entrechoquent et crépitent
Sous le regard des étoiles en silence qui méditent.
Grand Architecte, ô toi Grand Ermite,
Ton œuvre maïeutique est unique.
Tu peins d'un trait frénétique

Démons et vortex maléfiques,
Des mondes et des êtres féeriques.
Grand Architecte, ô toi Grand Ermite,
D'éther est l'envers de ton mythe,
Mystère atmosphère de ton rite.

Éternel

Vibre à l'unisson avec l'Univers,
Ressens les ondes te parcourir,
Absorbe le vide dans l'atmosphère,
Laisse-le doucement te recouvrir.

À travers le rideau céleste,
Par-delà la voûte étoilée,
Ressens l'énergie dantesque
D'une planète engendrée.

Pléiade de soleils d'or, trous noirs et météores,
Aux confins du cosmos
S'unissent et se dévorent.

Astres et nébuleuses
En toi sont assoupis.
Galaxie majestueuse, éternelle inertie.

Jardin secret

L'opale dans ses yeux clairs d'une pureté éphémère.
Est-ce un dôme ou une sphère ?
Dans cette prison de lumière,
Elle demeure solitaire.

Pétales de Sakura virevoltant avec grâce,
Dans un jardin immense, elle seule a la clé.

Lucioles et hirondelles,
Ballet de tourterelles,
Au sein d'une voûte charnelle,
S'envolant vers l'éternel.

Elle sent son cœur qui danse
Sur une subtile fréquence.
En osmose et en transe,
Une valse recommence.

Elle demeure libérée,
Paisible à tout jamais.
Elle demeure enfermée
Dans sa prison dorée.

Nous sommes

Si je suis, alors nous sommes

La somme en somme d'une addition.

Astucieuse équation qui régit l'existence,

Mystérieuse, silencieuse, elle domine les sciences.

Savants, érudits ont cherché les réponses,

Mais la vie impassible a fait taire les romances.

Dyade

Des ténèbres jaillit la lumière
À l'ère où tout était silence.
Les nuits par les jours s'éclairèrent,
Quand naquirent des étoiles et des astres immenses.

Du chaos se forma une grande sphère,
Teintée d'un bleuté si intense,
Que le soleil et la lune, en compères,
Entamèrent un ballet de prépotence.

Puis les eaux en deux se scindèrent.
Vinrent alors l'admittance et l'impédance,
Qui, aux pôles opposés, se placèrent.
Le temps fut enfin en concordance.

Horizon

Vaste étendue d'où s'échappent les rêves.
Lieu où s'unissent les eaux et le ciel.
Lucarne vers l'avenir,
Horizon, tu incarnes l'aventure.
Tu es le gardien des souvenirs
À la serrure bleu azur.
Nuages et lits de coton se promènent à l'unisson.
Horizon, quels que soient les saisons,
Le temps, les conditions,
Muet et impassible, tu restes une impression.

Filaos

Siffle au passage du vent,
Ô gardien de l'île Bourbon.

Dans les forêts, dans les montagnes,
En bord de mer, sur le lagon,
Tu te dresses, fier de tout ton charme.

Casuarina ô bois des rois,
En terre australe, au Sénégal,
Robuste écorce, ta sève flamboie.

Grand sapin qui, malgré la tempête, jamais ne ploie.
Tes verts rameaux ondulent comme des draps de soie.

Mémoire et histoire,
En tes racines, sont enfouies.
Siffle et révèle tes secrets.
Chante mon grand filao.

La complainte des mineurs

Périple en terre peule, en terre rouge, en terre cuite,
Senteur de souffre émane d'une mine anthracite.
Dans les profondeurs de ses tunnels s'exécute le balai des mineurs,
Harassés par le manque d'oxygène, la chaleur et la sueur.
Accroupis, leurs regards assombris,
Ils forent dans l'effort sans envie.
Sous la terre, ils s'affairent et s'enterrent,
Dans la chaleur, dans l'enfer.
Cobalt ou diamant,
Dans leur cœur les brûlures,
Dans leurs âmes des sulfures.
Pourvoyeurs de gisement
Se mouvant dans les fissures,
Sous la terre ils vécurent,
Sous la terre ils moururent.
Cobalt ou diamant,
Terre d'Afrique, mine de sang,
Entendez la complainte des mineurs.

À l'instar du nectar

Liqueur à la senteur boisée, de quelle couleur te vêtis-tu ?
Rouge, rose, jaune ou blanc, laquelle est ton attribut ?

Tu m'envoûtes d'un baiser, élixir qui m'enivre.
Vil nectar tu te ris de me voir me délecter de ton essence.
Sans un doute, sans regret, tu te languis, tu salives,
Te jouant de mon impuissance.

L'euphorie éphémère que tu feins de m'octroyer
Me laisse sans équivoque une confiance débordante.
Mais aussitôt ton étreinte terminée, je me sens délaissé.
Es-tu ma vieille amie, ou seulement une amante ?

Une dernière fois juste ton tanin,
Exquis arômes des grands cépages.
Une dernière fois ton doux parfum,
Coule dans ma gorge, ne sois pas sage !

Tache-moi les lèvres, glisse sur mes mains,
Fluide de mes rêves, liquide malsain.
Je lutte en vain ô toi mon vin !

Le voyageur

Près d'une berge, le voyageur se tient sur le pont,
Papillon dans le cœur, nœud dans l'estomac,
Rêvant d'expéditions, de découvertes et de trouvailles.

Il entreprend la traversée.
Les vagues l'apaisent, la houle le berce,
Le navire tangue dans la tempête.

Embruns salés sur ses paupières,
Le voyageur vogue sur la mer.
Les albatros migrent vers d'autres terres.

Quand vient la pluie, quand vient l'éclair,
Il laisse ses doutes à l'embarcadère,
Sans un regret, sans même un regard en arrière.

L'océan garde ses secrets ;
Il les a laissés sur le port.
À tout jamais, il est parti, il a laissé ses vieux démons.

Vivre l'aventure,
Voilà ce qui lui importe, juste découvrir,
Sans jamais arriver à bon port !

Cœur de…

Parfum de myrrhe, odeur d'encens,
À Carthagène, j'ai fait escale.
Tel un satyre tout en dansant
Ô Tartessienne si animale.

Port féerique, port coloré
Jusqu'en Afrique j'ai bourlingué.
Golfe Persique ou mer Égée
Tel un corsaire j'ai navigué.

En Séleucie, à Césarée,
Dans les grandes steppes, j'ai chevauché.
Contre les Huns, contre les Thraces enragés,
Comme Œdipe j'ai guerroyé.

J'irai sans crainte quand viendra la dernière valse,
Cœur amarré, cœur corsaire.
Dernier voyage sur la grande terre,
Cœur guerrier, cœur mercenaire.

Chapitre III
« Nisus et Euryale »

Dépendance

Amarré à ton port comme
Une trière en mer Égée,

Accablé de songes amers,
Sur l'Achéron j'ai vogué.

Ma psyché contemple ton essence,
Envoûté par ta subtile fragrance.

J'ai cherché en vain ta révérence,
Ton attraction, ton attirance.

Ma vieille amie, mon intime, ma connivence,
Malgré les peines, je t'aime ma dépendance.

L'ennui de mon ennui

Érotique, abyssal, quel est ton secret ?
Cosmique, astral, tu parais si abstrait.

Sans toi je vogue comme un navire sans équipage.
Ton indifférence m'attire. Sur ton Cocyte j'ai fait naufrage.

Objet de mes désirs, as-tu idée de ce qui nous guette ?
Je sens mon être rôtir et ma raison disparaître.

Es-tu l'esclave de tous mes vices ?
Ou le maître de mes supplices ?
À jamais, soyons unis.
Ennui de mon ennui…

La mort de mon amour

Les astres guident les peurs,
Le vide renvoie l'écho.
Le soleil sèche les pleurs,
La lune guérit les maux.

On s'était dit adieu,
Pourtant je te regrette.
En pensant faire au mieux,
J'en ai pris pour perpette.

Supplice de la rupture,
L'amour devient putride.
Quand le cœur se fissure,
La haine devient torride.

J'aimerais l'oublier, ne plus penser à elle.
Je voudrais la renier, mais nos corps nous appellent.
Elle hante mon esprit, habite ma mémoire.
Ma raison m'a maudit, ma passion m'a fait choir.

Amères désillusions, je l'aimais sans retour.
Dans mes rêves, je voyais la mort de mon amour.

À jamais je t'aimerai

Aux âmes qui s'entremêlent
Sur un rythme magique,
Je t'aime, ma flamme jumelle,
D'un amour onirique.

Raz-de-marée et secousses sismiques,
Tel est mon amour charnel et mystique.
Ma toute douce, ma très belle,
Atypique est peut-être mon amour éternel.

Mon droit de puissance

Sublime créature allongée dans mes draps de satin,
D'un subtil parfum tu répands ton venin.
Les effluves de ton être se diffusent sur ma peau.
En adepte, ton corps, ô ma muse qu'il est beau !

Abandonne ta vertu à mes mains enflammées,
Abandonne ton essence à mes désirs secrets.
Laisse ta sueur sur mon torse, sens mon souffle sur ton cou.
En symbiose, à bout de force, pose ta tête, sens mon pouls.

D'une extase si intense vient la délivrance ;
En chœur, en silence, nos âmes sont en résonance.
Entre transe et décadence,
J'exerce mon droit de puissance !

Du désir au plaisir

Ses cheveux ondulèrent sur sa nuque enflammée
Telle une éclipse solaire, mi-ombre, mi-lumière.
Ses pulsions la possédèrent, se nourrissant de sa chair,
Malgré son cœur calciné pour l'être aimé.

Hélas le cœur a ses raisons
Que la raison ignore.
Hélas la passion a ses démons
Que les démons adorent.

La haine l'abhorre
Mais l'amour la nourrit.
Elle offre tout son corps,
Mais se délecte de son mépris.

Idole de ses déboires,
Soumise à son envie.
En boucle tous les soirs,
Abandonnée, ravie.

Désirs de ses plaisirs,
Plaisirs de ses désirs.

Dans les geôles du souvenir

Juste une fois te revoir,
Simplement un regard.
Un sourire pour rempart,
Tends ta main juste un soir.

Des souvenirs de ta voix
Bourdonnent dans mon esprit.
Les rainures de tes doigts
Sur ma peau sont inscrits.

Nos ébats en mémoire,
Dans mon monde tu m'ignores.
Tout est vide, incolore,
Je te chasse, tu reviens tous les soirs.

Torture d'un amour qui dure,
Tournure d'une relation finie,
Qu'importe ce que j'endure,
Ma foi, retombe dans l'oubli.

Princesse

Seras-tu là quand viendra la tempête ?
Seras-tu là quand viendront les songes ?
Au fond de moi un mal me ronge.
Peur d'être heureuse ou peur d'aimer ?
D'impures blessures sont faites mes traits.
Je reste forte malgré mes peines,
Mon âme est noire, emplie de haines.
Puis-je pardonner tous tes méfaits ?
Est-ce de ma faute ce que tu me fais ?
Je suis Princesse à la couronne de ronces.
Dans les ténèbres mon cœur s'enfonce.
Peut-on comprendre mes craintes, mes doutes ?
Quel est le sens de mes errances ?
Rouge est mon sang, noire mon essence.

1
Humeur agrume

La nuit tombant sur ses paupières
Reflète le phare de ses yeux clairs.
Un coup de foudre ou de tonnerre,
Son ciel aigri,
Elle (ziste) amer.

2
Humeur liquide

Il pleut des larmes sur mon cœur,
Embruns salés trempant mes tempes.
Brumeuse, maussade est mon humeur.
Amours humides, pour une romance dégoûtante.

Le satyre et la nymphe

Elle l'avait dans les veines, son cœur l'avait choisi.
Elle lui donna son corps, elle lui donna sa flamme.
Elle en désire encore, ses lèvres le réclament.
Malgré toutes ses peines, et malgré son mépris.

Il lui volait ses rêves, elle n'avait pas compris.
Il s'octroyait son corps en usant de son charme.
La désirant plus fort, il convoitait son âme,
Malgré tous ses « *je t'aime* », et malgré tous ses cris.

Dans l'écho des tourments, les cœurs se brisent, sans peine.
À l'ombre des passions, l'âme se ploie et s'évince.
De l'amour à la haine, la frontière est si mince,
Leurs désirs les enchaînent, les passions se déchaînent…

Le froid qui brûle

Tombée de flocons de braise sur une nuit étoilée.
La solitude pour habitude, les doutes,
Les inquiétudes… même le mépris l'a adopté.
Il erre sans certitude, les yeux vides, désœuvré.

Solide ou bien liquide, l'aumône est son seul guide.
Son teint devient livide. Après la faim vient la fatigue.

Seul le vent le berce.
Dans son abri de fortune, ses larmes coulent en silence.
Il a la nuit pour pénitence,
Il sent le froid qui brûle.

Incendie

Si j'avais pu sauver nos souvenirs…

Dans mon regard, un immense incendie.

Les remords, les larmes, l'insomnie,

Les flammes dévorent le passé et l'avenir.

La fuite comme seul désir,

Un regard qui te fuit.

Sentir la culpabilité t'envahir

Quand l'amour tombe dans l'oubli.

L'ivresse pour seul plaisir,

La nuit pour seule amie,

Le mal pour repentir,

Son innocence pour souffrir.

Les cendres m'ont fait rugir,

Le feu m'a fait haïr.

Suis-je encore en vie ?

Mon cœur s'est vu détruit

Dans un grand incendie.

Syndrome de la page blanche

Syndrome de la page blanche,
Rien ne sort.
J'ai beau réfléchir à outrance,
Pas un mot, rien ne sort.

Suis-je condamné à écrire possédé ?
Spirale utopique d'écrits maléfiques,
Sublimes épigrammes satiriques,
Suis-je donc résigné aux écrits tourmentés ?

Obscurité salvatrice qui accompagne mes journées,
Clarté des abysses qui assiste mes nuits,
Tout se retranscrit, mes émois, mes passions,
Ma luxure, mon ennui…

Syndrome de la page blanche
Qui jamais vraiment ne le reste,
Mes premières amours,
Je te les ai confiées.
Mes fautes confessées,
Ça, Je l'atteste !

Syndrome des pages remplies
Qui à jamais ne seront unies,
Mes plus obscènes désirs
En vous sont enfouis.
Qu'ils y restent !

« Condoléances ! »

« *Pas à ma place* » comme un sentiment amer qui m'exaspère,

Premier traumatisme de l'école primaire.

Mes longues locks, par leur moquerie j'ai dû couper,

Pour être comme eux, pour leur ressembler.

Merde ! Où avais-je atterri ?

Après Mafate, Le Moule, direction Paris.

Enfant de la patrie ou enfant des intempéries ?

J'ai maudit le ciel, abandonnant la clarté

Pour les ténèbres et leur extrême pureté.

Elle m'avait dit qu'elle me protégerait, mais elle n'a pas pu.

Seul dans la nuit je pleurais mes rêves ; dites-le-moi voyait-elle ?

J'aurai tout fait pour qu'tu me regardes, aussi ai-je fixé le miroir.

Est-ce de ta faute ou de la sienne ?

Est-ce de la vôtre ou de la nôtre ?

À qui la faute si mon cœur saigne ?

La faute à qui, aux autres ?

Mais sûrement pas la mienne.

Souffrance des conséquences,

Conséquences des souffrances.

Souffrance d'une enfance.

Pour mon âme : « Condoléances ! »

Étrange idylle

Au fond elle savait qu'il lui ferait du mal,

Mais ivre de ses désirs, elle tomba sous son charme.

En lui donnant son corps, elle lui donna sa flamme.

En lui donnant son cœur, elle exhuma son âme.

Remerciement

Christophe Desaulles, mon ami, mon mentor…

Table des matières

Chapitre I – « Lux in tenebris » 9
Aux bals hantés 11
Le nocher 13
Sombre nuit 15
Ma gorgone 17
Le soupir du satyre 19
Je ma muse 21
Malin 23
Voguons sur Phlégéthon 25
Sur le sentier 27
Succube 29
Valse noire 31
Fleuve 33
Rancard 35
Chapitre II – « Échappées » 37
Ressens-le 39
1 – Galaxie / 2 – Cosmogonie 41
Éternel 43
Jardin secret 45
Nous sommes 47
Dyade 49
Horizon 51
Filaos 53
La complainte des mineurs 55
À l'instar du nectar 57
Le voyageur 59

Cœur de… 61
Chapitre III – « Nisus et Euryale » 63
Dépendance 65
L’ennui de mon ennui 67
La mort de mon amour 69
À jamais je t’aimerai 71
Mon droit de puissance..73
Du désir au plaisir..75
Dans les geôles du souvenir 77
Princesse..79
1 – Humeur agrume / 2 – Humeur liquide..................................81
Le satyre et la nymphe...83
Le froid qui brûle...85
Incendie 87
Syndrome de la page blanche...89
« Condoléances ! » 91
Étrange idylle...93

Imprimé en Allemagne
Achevé d'imprimer en février 2024
Dépôt légal : février 2024

Pour

Le Lys Bleu Éditions
40, rue du Louvre
75001 Paris